Dieses Buch gehört:

Das ist drin:

 Das bin ich

 Geburts-Tags-Kalender

 Meine Freundinnen und Freunde

 Erwachsene aus meiner Schul-Zeit

 Fotos

Dieses Buch gehört:

Mein Geburts-Tag ist am:

Das ist meine Augen-Farbe:

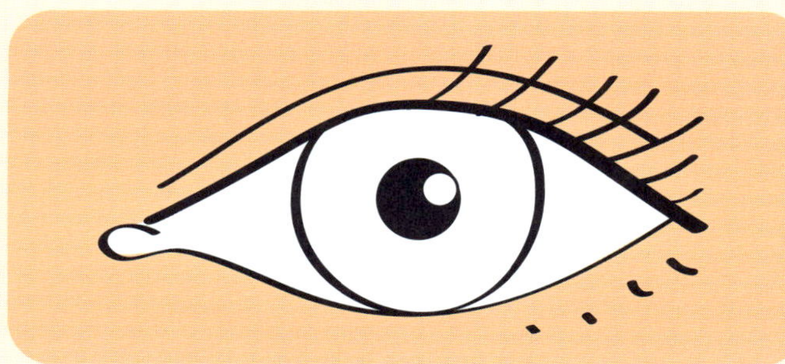

Meine Lieblings-Musik ist:

Hier bin ich am liebsten:

Ich fühle mich meistens:

Das mache ich am liebsten:

Lesen

Fahr-Rad fahren

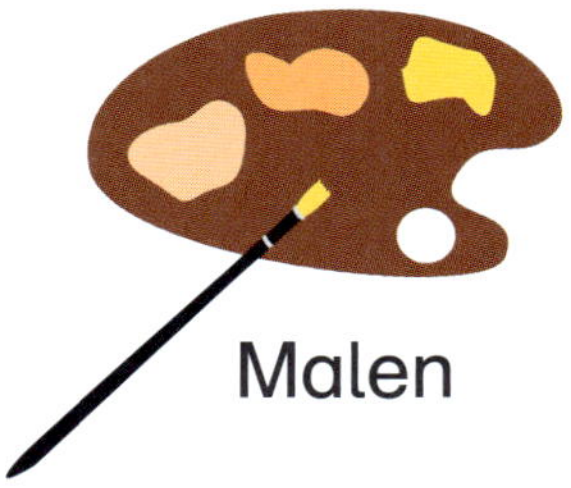

Malen

Zocken

Schwimmen

Musik hören

Kochen

Freunde treffen

Filme gucken

Fuß-Ball spielen

Oder:

Das sind meine Lieblings-Farben:

Mein Lieblings-Pulli sieht so aus:

Das esse ich gerne: ✔
Das mag ich nicht: ✗

Geburts-Tags-Kalender

Wann hast du Geburts-Tag?

	Name	Tag	Name	Tag
1 Januar				
2 Februar				
3 März				
4 April				
5 Mai				
6 Juni				

BIRTHDAY

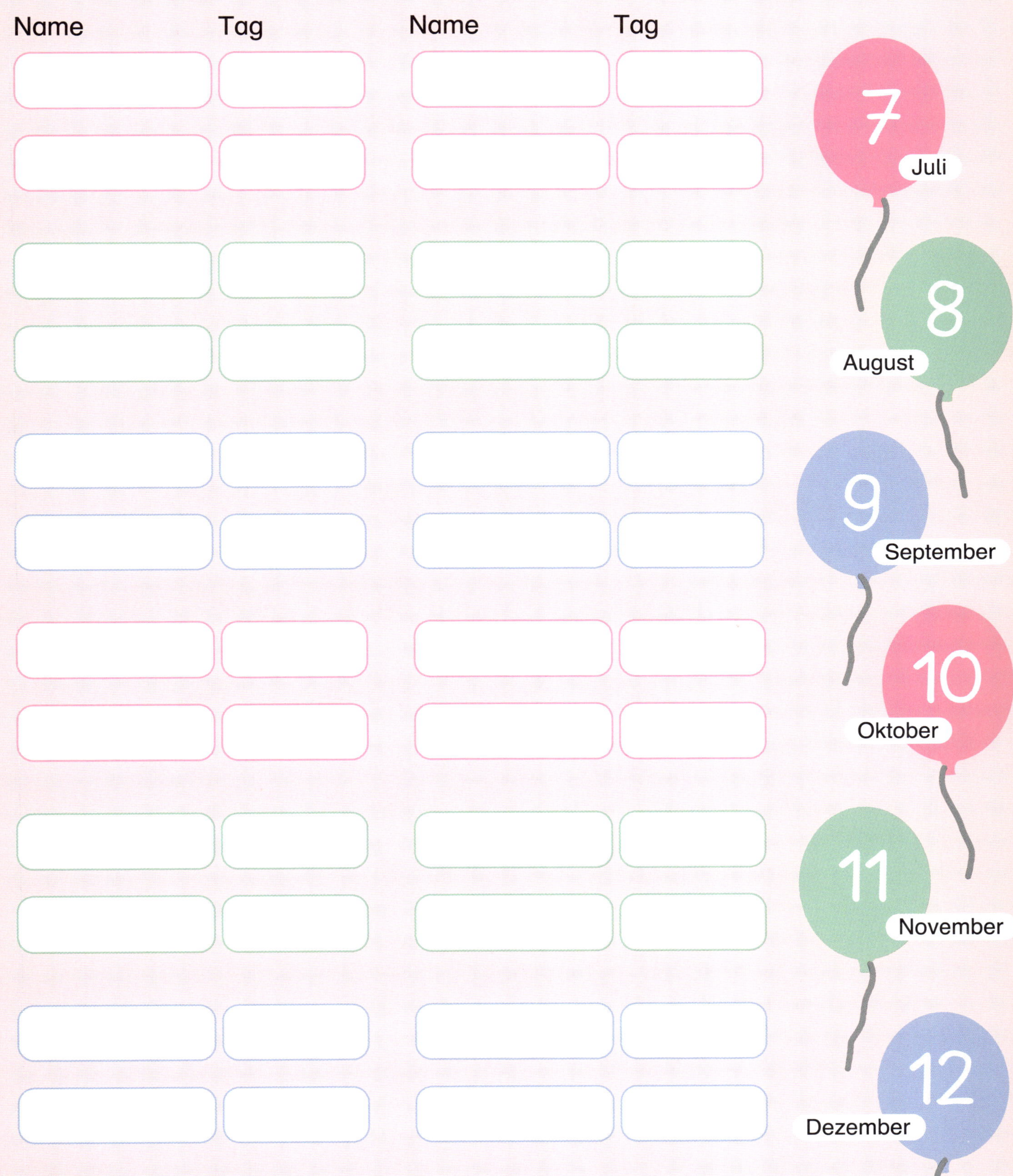
Name
Tag
Name
Tag
7
Juli
8
August
9
September
10
Oktober
11
November
12
Dezember

Ich heiße:
Mein Geburts-Tag ist am:
Tag
Monat
Jahr
Das ist meine Augen-Farbe:
Das ist mein Lieblings-Tier:

Das mache ich am liebsten:

Lesen

Fahr-Rad fahren

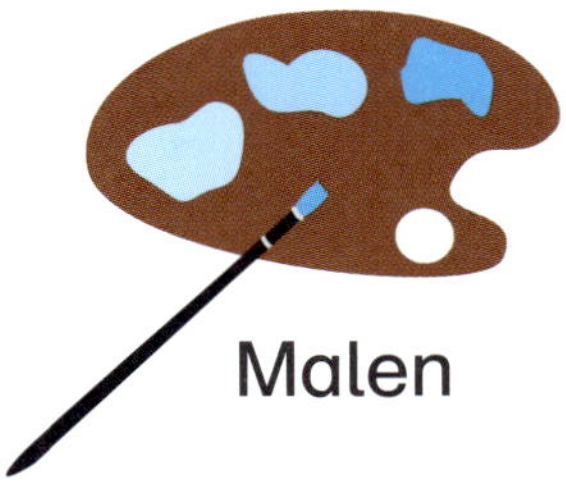

Malen

Zocken

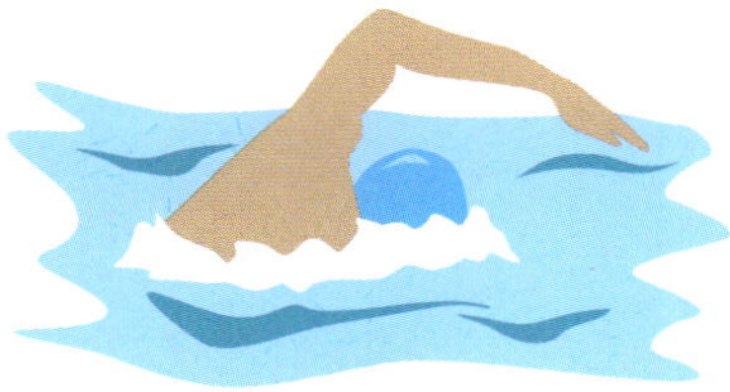

Schwimmen

Musik hören

Kochen

Freunde treffen

Filme gucken

Fuß-Ball spielen

Oder:

Ich fühle mich meistens:

Hier bin ich am liebsten:

Oder:

Das esse ich gerne: ✔
Das mag ich nicht: ✗

Oder:

Das sind meine Lieblings-Farben:

Das mag ich besonders gerne an dir: Du bist

- ◯ lieb
- ◯ ehrlich
- ◯ stark
- ◯ hilfsbereit
- ◯ frech
- ◯ ruhig
- ◯ fröhlich
- ◯ mutig
- ◯ lustig

Ich heiße:
Mein Geburts-Tag ist am:
Tag
Monat
Jahr
Das ist meine Augen-Farbe:
Meine Lieblings-Musik ist:

Das mache ich am liebsten:

Lesen

Fahr-Rad fahren

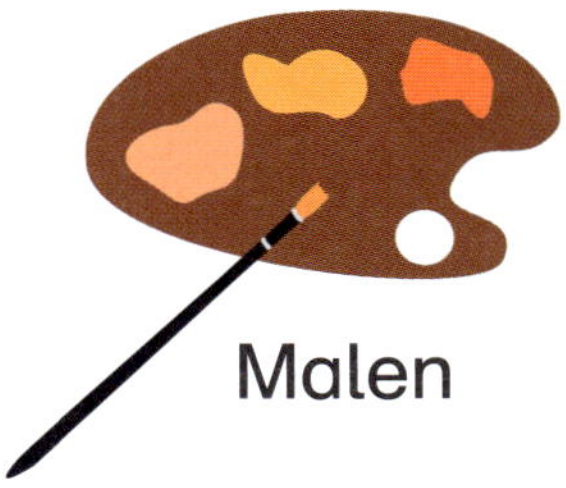

Malen

Zocken

Schwimmen

Musik hören

Kochen

Freunde treffen

Filme gucken

Fuß-Ball spielen

Oder:

Ich fühle mich meistens:

Hier bin ich am liebsten:

Das esse ich gerne: ✔
Das mag ich nicht: ✗

Das sind meine Lieblings-Farben:

Das mag ich besonders gerne an dir: Du bist

- ◯ lieb
- ◯ ehrlich
- ◯ stark
- ◯ hilfsbereit
- ◯ frech
- ◯ ruhig
- ◯ fröhlich
- ◯ mutig
- ◯ lustig

Ich heiße:
Tag
Monat
Jahr
Mein Geburts-Tag ist am:
Das ist meine Augen-Farbe:
Meine Lieblings-Tier:

Das mache ich am liebsten:

Lesen

Fahr-Rad fahren

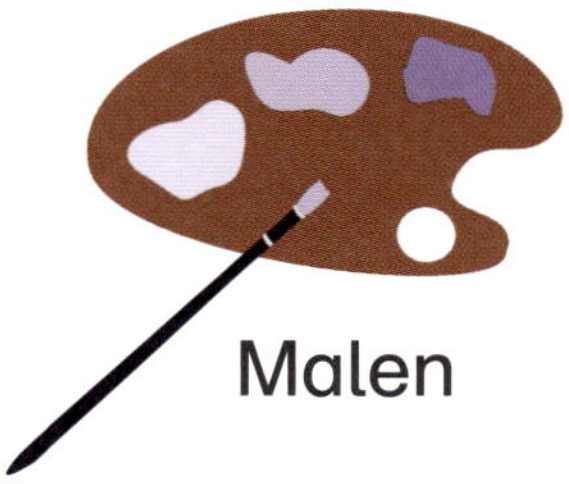

Malen

Zocken

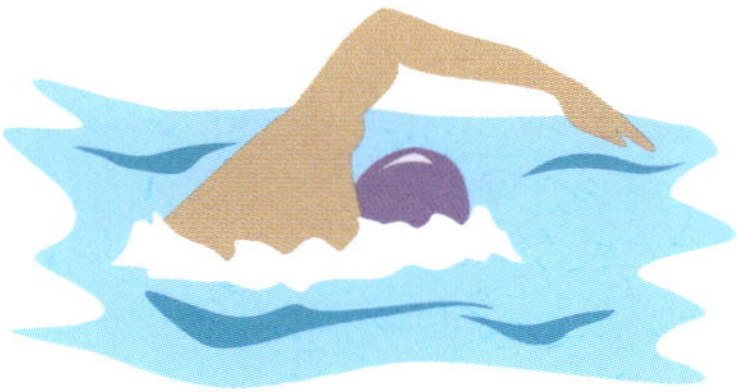

Schwimmen

Musik hören

Kochen

Freunde treffen

Filme gucken

Fuß-Ball spielen

Oder:

Ich fühle mich meistens:

Hier bin ich am liebsten:

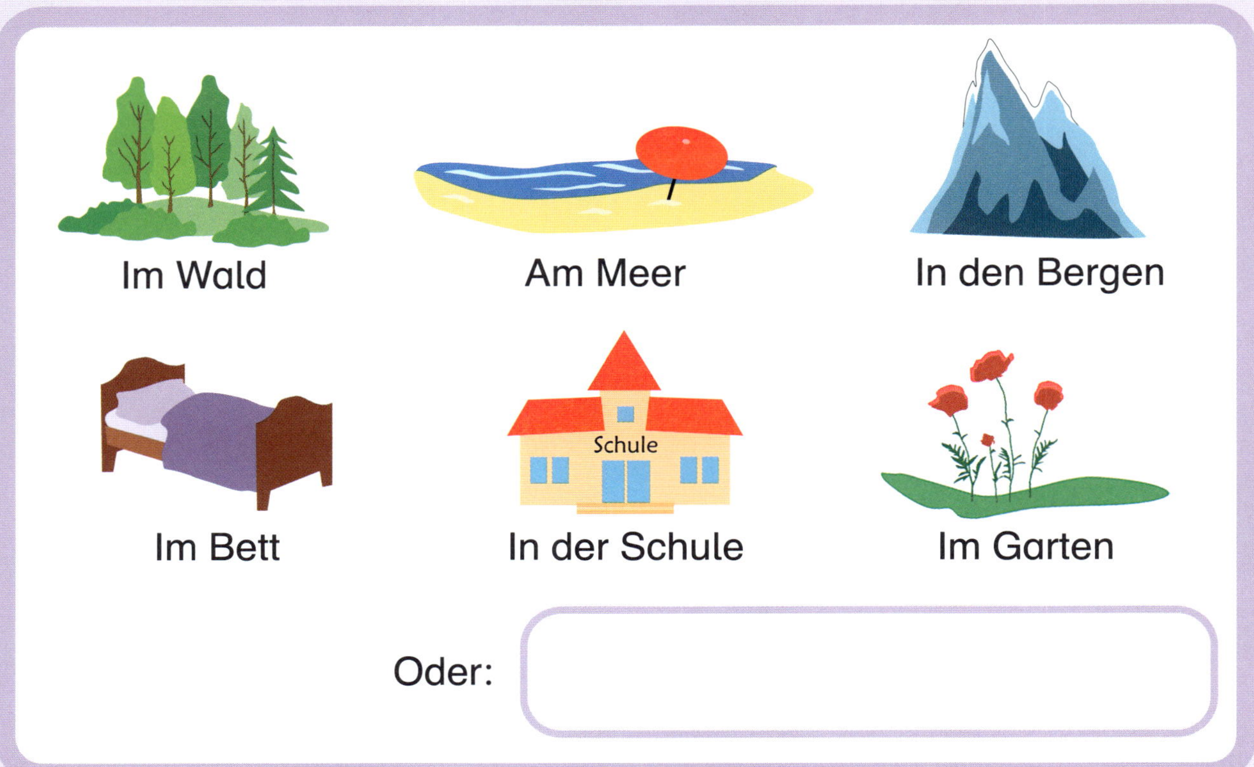

Das esse ich gerne: ✔
Das mag ich nicht: ✗

Das sind meine Lieblings-Farben:

Das mag ich besonders gerne an dir: Du bist

- ○ lieb
- ○ ehrlich
- ○ stark
- ○ hilfsbereit
- ○ frech
- ○ ruhig
- ○ fröhlich
- ○ mutig
- ○ lustig

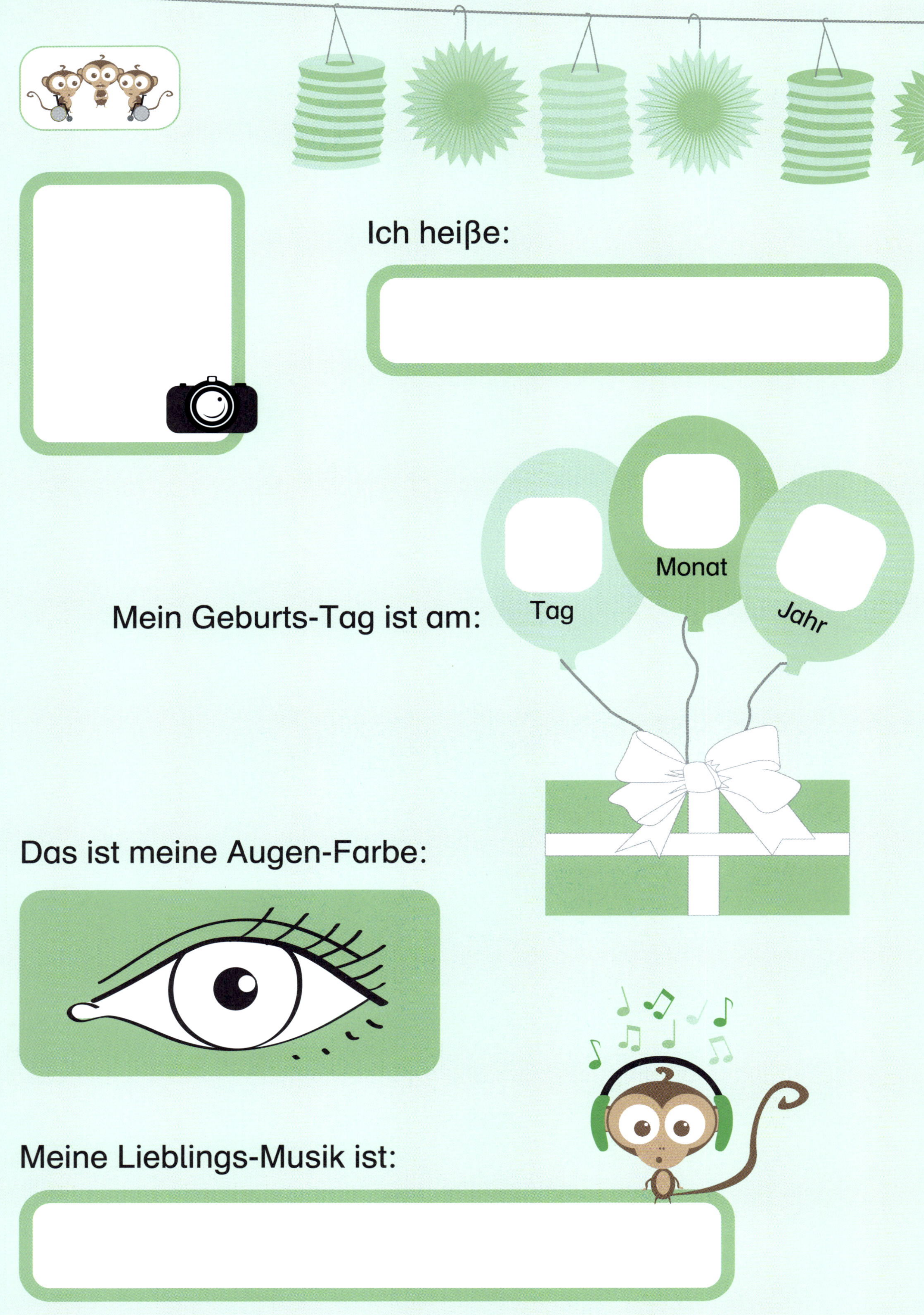
Ich heiße:
Mein Geburts-Tag ist am:
Tag
Monat
Jahr
Das ist meine Augen-Farbe:
Meine Lieblings-Musik ist:

Das mache ich am liebsten:

Lesen

Fahr-Rad fahren

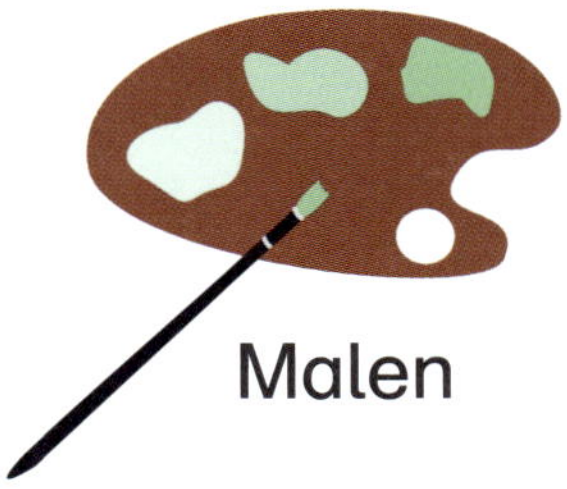

Malen

Zocken

Schwimmen

Musik hören

Kochen

Freunde treffen

Filme gucken

Fuß-Ball spielen

Oder:

Ich fühle mich meistens:

Hier bin ich am liebsten:

Das esse ich gerne: ✔
Das mag ich nicht: ✗

Das sind meine Lieblings-Farben:

Mein Bild für dich:

Das mag ich besonders gerne an dir: Du bist

- lieb
- ehrlich
- stark
- hilfsbereit
- frech
- ruhig
- fröhlich
- mutig
- lustig

Ich heiße:
Mein Geburts-Tag ist am:
Tag
Monat
Jahr
Das ist meine Augen-Farbe:
Das ist mein Lieblings-Tier:

Das mache ich am liebsten:

Lesen

Fahr-Rad fahren

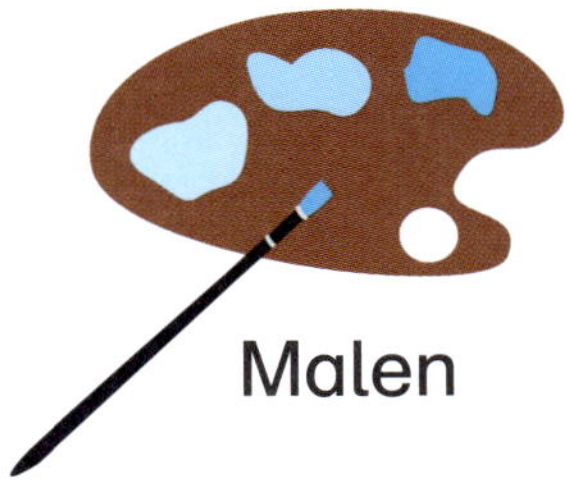

Malen

Zocken

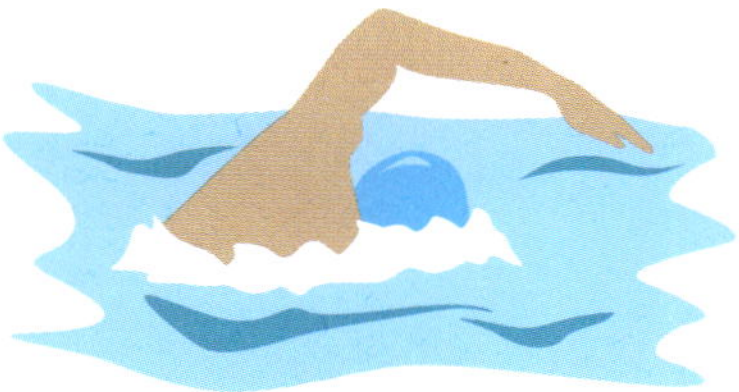

Schwimmen

Musik hören

Kochen

Freunde treffen

Filme gucken

Fuß-Ball spielen

Oder:

Ich fühle mich meistens:

Hier bin ich am liebsten:

Das esse ich gerne: ✔
Das mag ich nicht: ✗

Das sind meine Lieblings-Farben:

Das mag ich besonders gerne an dir: Du bist

- ◯ lieb
- ◯ hilfsbereit
- ◯ fröhlich
- ◯ ehrlich
- ◯ frech
- ◯ mutig
- ◯ stark
- ◯ ruhig
- ◯ lustig

Ich heiße:
Mein Geburts-Tag ist am:
Tag
Monat
Jahr
Das ist meine Augen-Farbe:
Meine Lieblings-Musik ist:

Das mache ich am liebsten:

Lesen

Fahr-Rad fahren

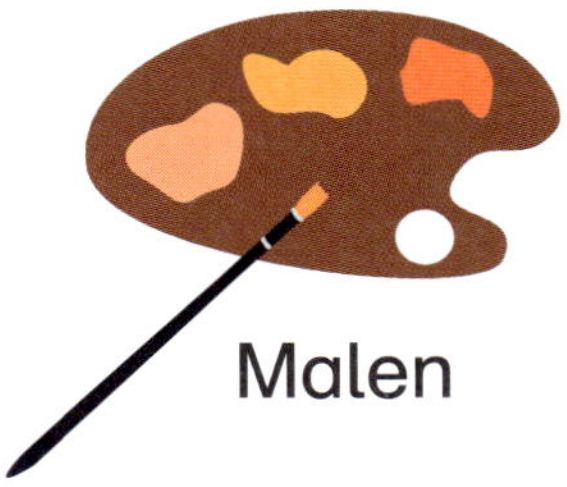

Malen

Zocken

Schwimmen

Musik hören

Kochen

Freunde treffen

Filme gucken

Fuß-Ball spielen

Oder:

Ich fühle mich meistens:

Hier bin ich am liebsten:

Das esse ich gerne: ✔
Das mag ich nicht: ✗

Das sind meine
Lieblings-Farben:

Das mag ich besonders gerne an dir: Du bist

- ○ lieb
- ○ hilfsbereit
- ○ fröhlich
- ○ ehrlich
- ○ frech
- ○ mutig
- ○ stark
- ○ ruhig
- ○ lustig

Ich heiße:
Tag
Mein Geburts-Tag ist am:
Monat
Das ist meine Augen-Farbe:
Jahr
Meine Lieblings-Tier:

Das mache ich am liebsten:

Lesen

Fahr-Rad fahren

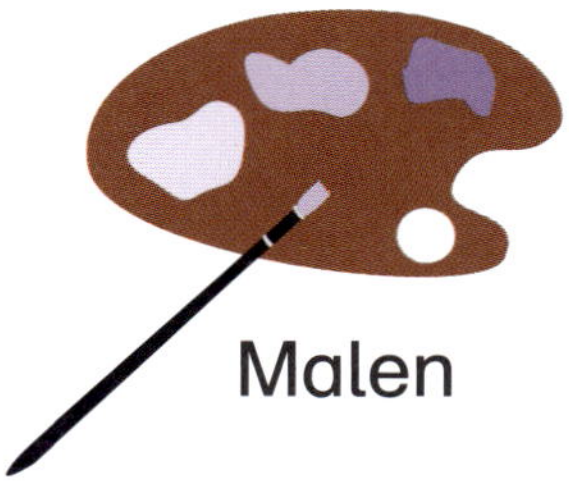

Malen

Zocken

Schwimmen

Musik hören

Kochen

Freunde treffen

Filme gucken

Fuß-Ball spielen

Oder:

Ich fühle mich meistens:

Hier bin ich am liebsten:

Das esse ich gerne: ✔
Das mag ich nicht: ✗

Das sind meine
Lieblings-Farben:

Das mag ich besonders gerne an dir: Du bist

◯ lieb	◯ ehrlich	◯ stark
◯ hilfsbereit	◯ frech	◯ ruhig
◯ fröhlich	◯ mutig	◯ lustig

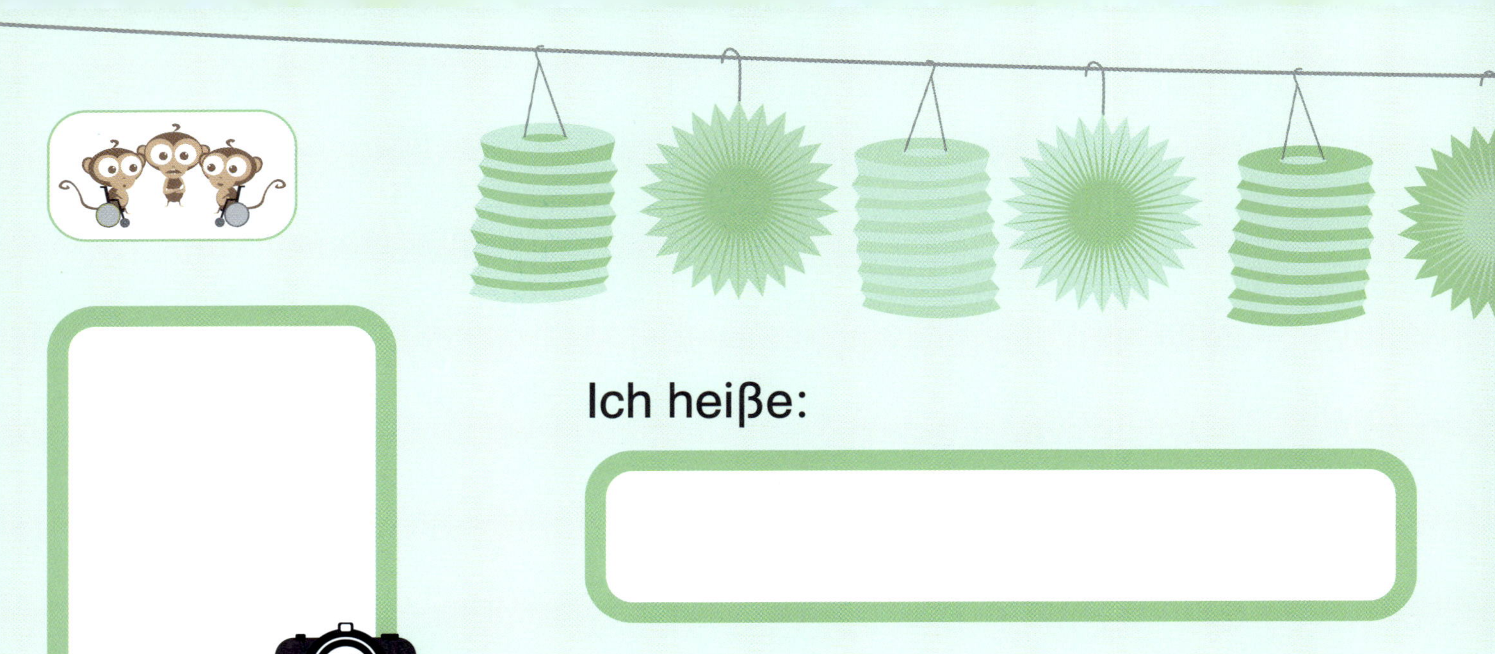

Ich heiße:

Mein Geburts-Tag ist am:

Das ist meine Augen-Farbe:

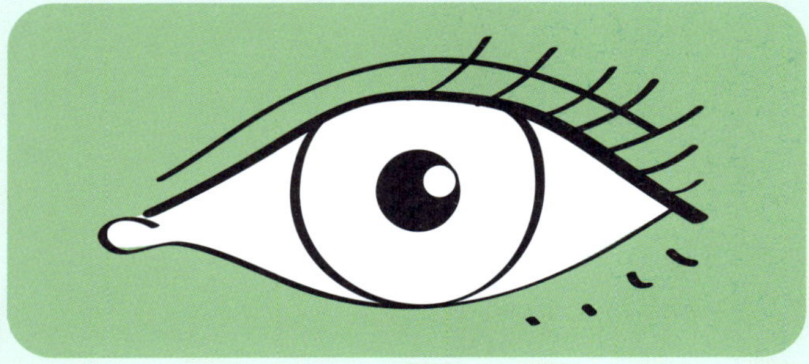

Meine Lieblings-Musik ist:

Das mache ich am liebsten:

Lesen

Fahr-Rad fahren

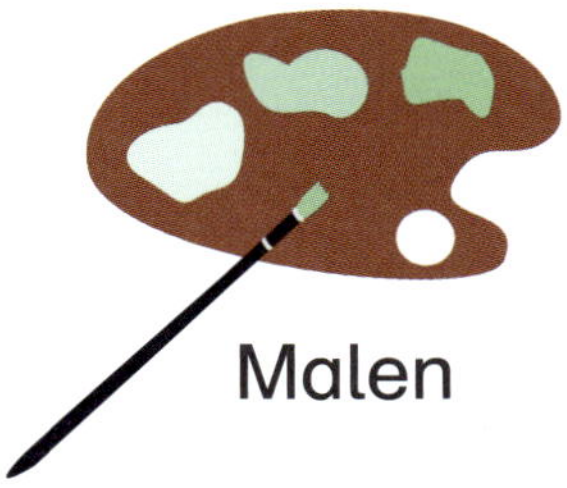

Malen

Zocken

Schwimmen

Musik hören

Kochen

Freunde treffen

Filme gucken

Fuß-Ball spielen

Oder:

Ich fühle mich meistens:

Hier bin ich am liebsten:

Das esse ich gerne: ✔
Das mag ich nicht: ✗

Das sind meine Lieblings-Farben:

Das mag ich besonders gerne an dir: Du bist

- ◯ lieb
- ◯ hilfsbereit
- ◯ fröhlich
- ◯ ehrlich
- ◯ frech
- ◯ mutig
- ◯ stark
- ◯ ruhig
- ◯ lustig

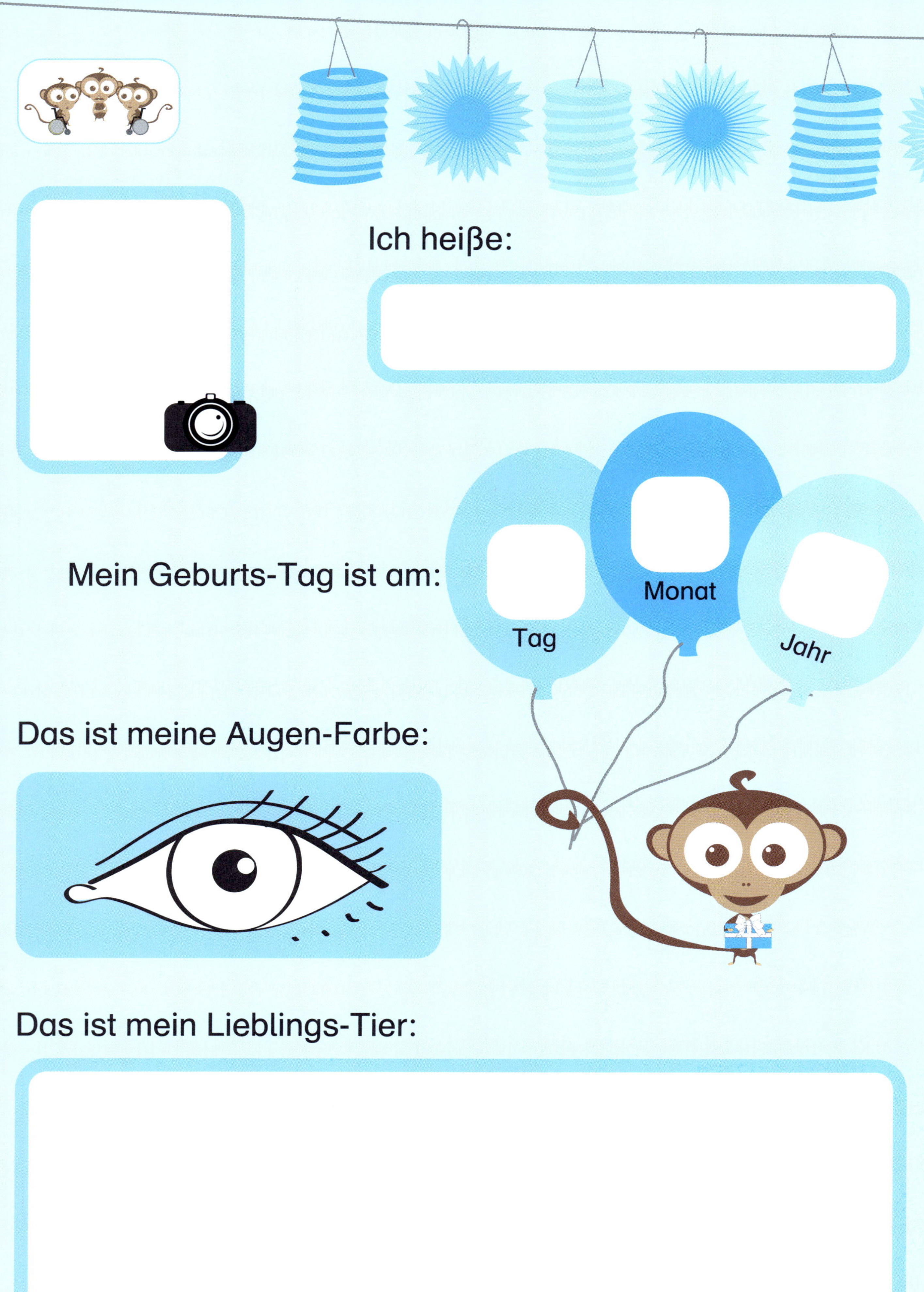
Ich heiße:
Mein Geburts-Tag ist am:
Monat
Tag
Jahr
Das ist meine Augen-Farbe:
Das ist mein Lieblings-Tier:

Das mache ich am liebsten:

Lesen

Fahr-Rad fahren

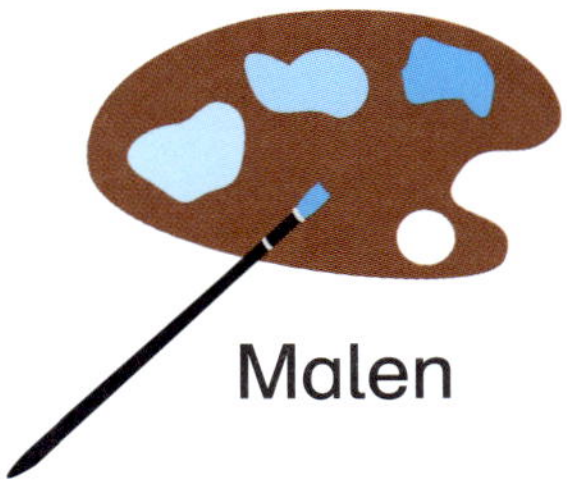

Malen

Zocken

Schwimmen

Musik hören

Kochen

Freunde treffen

Filme gucken

Fuß-Ball spielen

Oder:

Ich fühle mich meistens:

Hier bin ich am liebsten:

Das esse ich gerne: ✔
Das mag ich nicht: ✗

Das sind meine Lieblings-Farben:

Das mag ich besonders gerne an dir: Du bist

- ○ lieb
- ○ hilfsbereit
- ○ fröhlich
- ○ ehrlich
- ○ frech
- ○ mutig
- ○ stark
- ○ ruhig
- ○ lustig

Ich heiße:
Mein Geburts-Tag ist am:
Tag
Monat
Jahr
Das ist meine Augen-Farbe:
Meine Lieblings-Musik ist:

Das mache ich am liebsten:

Lesen

Fahr-Rad fahren

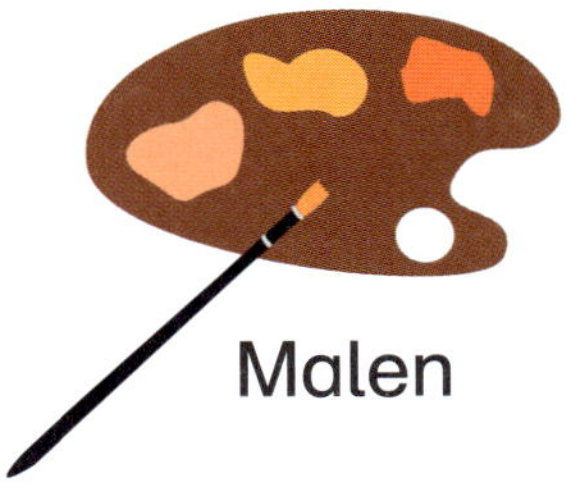

Malen

Zocken

Schwimmen

Musik hören

Kochen

Freunde treffen

Filme gucken

Fuß-Ball spielen

Oder:

Ich fühle mich meistens:

Hier bin ich am liebsten:

Das esse ich gerne: ✔
Das mag ich nicht: ✗

Das sind meine Lieblings-Farben:

Das mag ich besonders gerne an dir: Du bist

- ◯ lieb
- ◯ ehrlich
- ◯ stark
- ◯ hilfsbereit
- ◯ frech
- ◯ ruhig
- ◯ fröhlich
- ◯ mutig
- ◯ lustig

Ich heiße:
Tag
Mein Geburts-Tag ist am:
Monat
Das ist meine Augen-Farbe:
Jahr
Meine Lieblings-Tier:

Das mache ich am liebsten:

Lesen

Fahr-Rad fahren

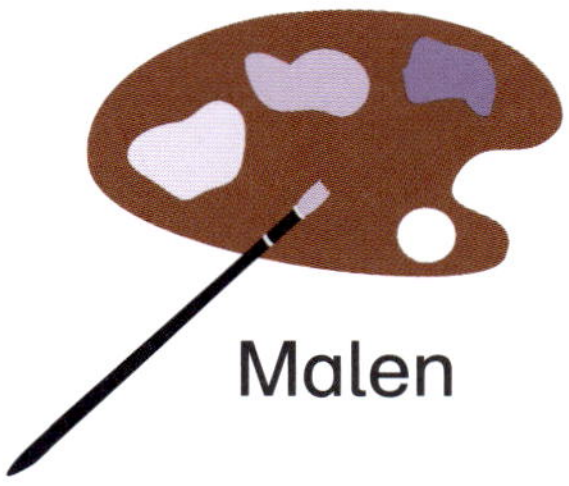

Malen

Zocken

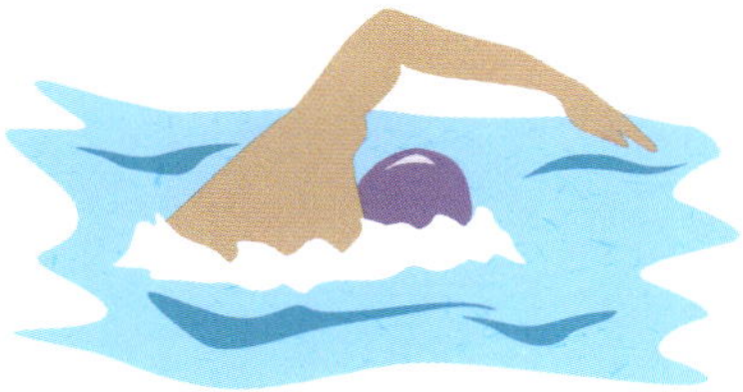

Schwimmen

Musik hören

Kochen

Freunde treffen

Filme gucken

Fuß-Ball spielen

Oder:

Ich fühle mich meistens:

Hier bin ich am liebsten:

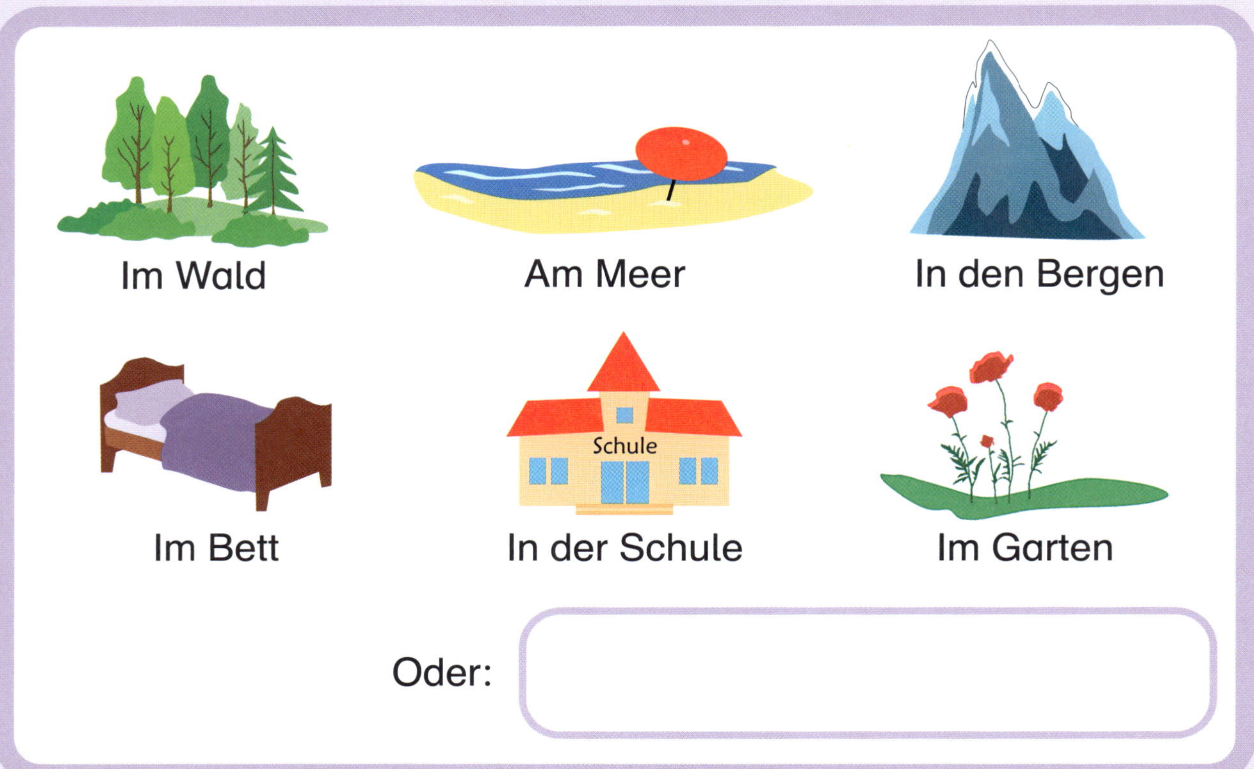

Das esse ich gerne: ✔
Das mag ich nicht: ✗

Das sind meine
Lieblings-Farben:

Das mag ich besonders gerne an dir: Du bist

- ◯ lieb
- ◯ hilfsbereit
- ◯ fröhlich
- ◯ ehrlich
- ◯ frech
- ◯ mutig
- ◯ stark
- ◯ ruhig
- ◯ lustig

Ich heiße:

Mein Geburts-Tag ist am:

Das ist meine Augen-Farbe:

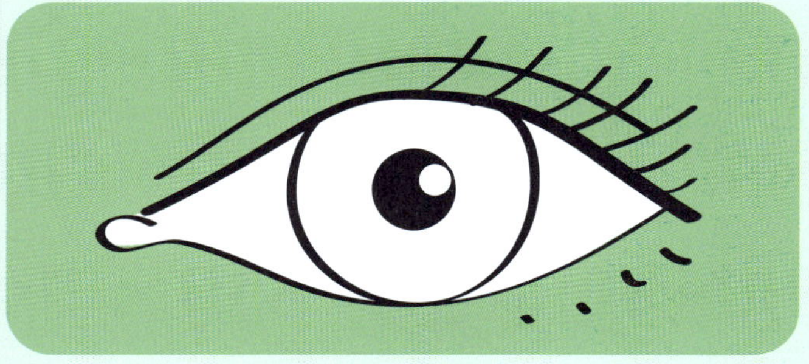

Meine Lieblings-Musik ist:

Das mache ich am liebsten:

Lesen

Fahr-Rad fahren

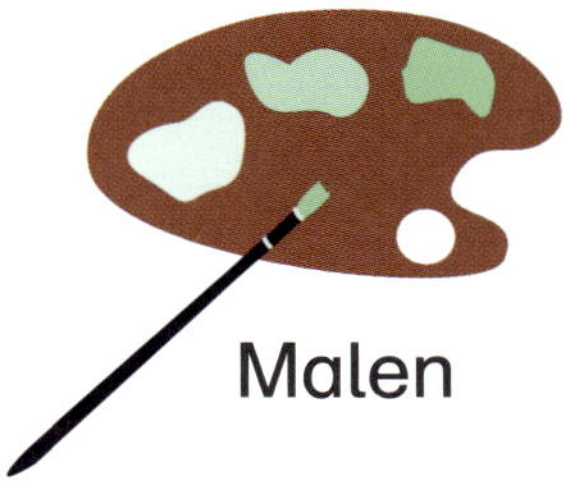

Malen

Zocken

Schwimmen

Musik hören

Kochen

Freunde treffen

Filme gucken

Fuß-Ball spielen

Oder:

Ich fühle mich meistens:

Hier bin ich am liebsten:

Oder:

Das esse ich gerne: ✔
Das mag ich nicht: ✗

Oder:

Das sind meine
Lieblings-Farben:

Mein Bild für dich:

Das mag ich besonders gerne an dir: Du bist

- ◯ lieb
- ◯ ehrlich
- ◯ stark
- ◯ hilfsbereit
- ◯ frech
- ◯ ruhig
- ◯ fröhlich
- ◯ mutig
- ◯ lustig

Ich heiße:
Mein Geburts-Tag ist am:
Tag
Monat
Jahr
Das ist meine Augen-Farbe:
Das ist mein Lieblings-Tier:

Das mache ich am liebsten:

Lesen

Fahr-Rad fahren

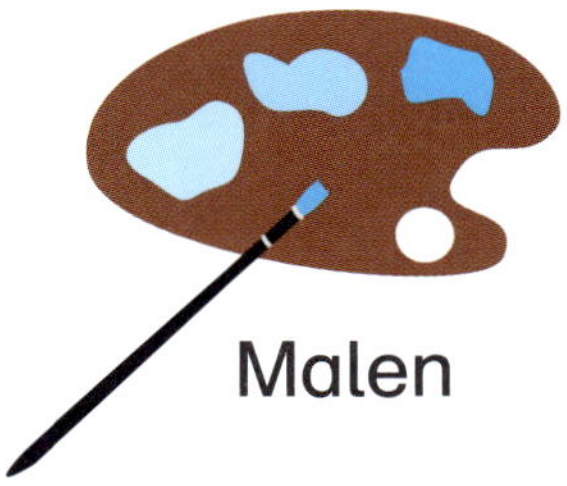

Malen

Zocken

Schwimmen

Musik hören

Kochen

Freunde treffen

Filme gucken

Fuß-Ball spielen

Oder:

Ich fühle mich meistens:

Hier bin ich am liebsten:

Das esse ich gerne: ✔
Das mag ich nicht: ✗

Das sind meine Lieblings-Farben:

Das mag ich besonders gerne an dir: Du bist

○ lieb	○ ehrlich	○ stark
○ hilfsbereit	○ frech	○ ruhig
○ fröhlich	○ mutig	○ lustig

Ich heiße:
Mein Geburts-Tag ist am:
Tag
Monat
Jahr
Das ist meine Augen-Farbe:
Meine Lieblings-Musik ist:

Das mache ich am liebsten:

Lesen

Fahr-Rad fahren

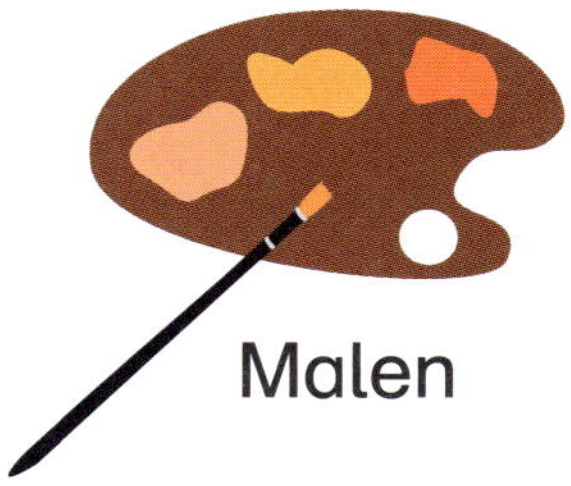

Malen

Zocken

Schwimmen

Musik hören

Kochen

Freunde treffen

Filme gucken

Fuß-Ball spielen

Oder:

Ich fühle mich meistens:

Hier bin ich am liebsten:

Das esse ich gerne: ✔
Das mag ich nicht: ✗

Das sind meine
Lieblings-Farben:

Mein Bild für dich:

Das mag ich besonders gerne an dir: Du bist

- lieb
- ehrlich
- stark
- hilfsbereit
- frech
- ruhig
- fröhlich
- mutig
- lustig

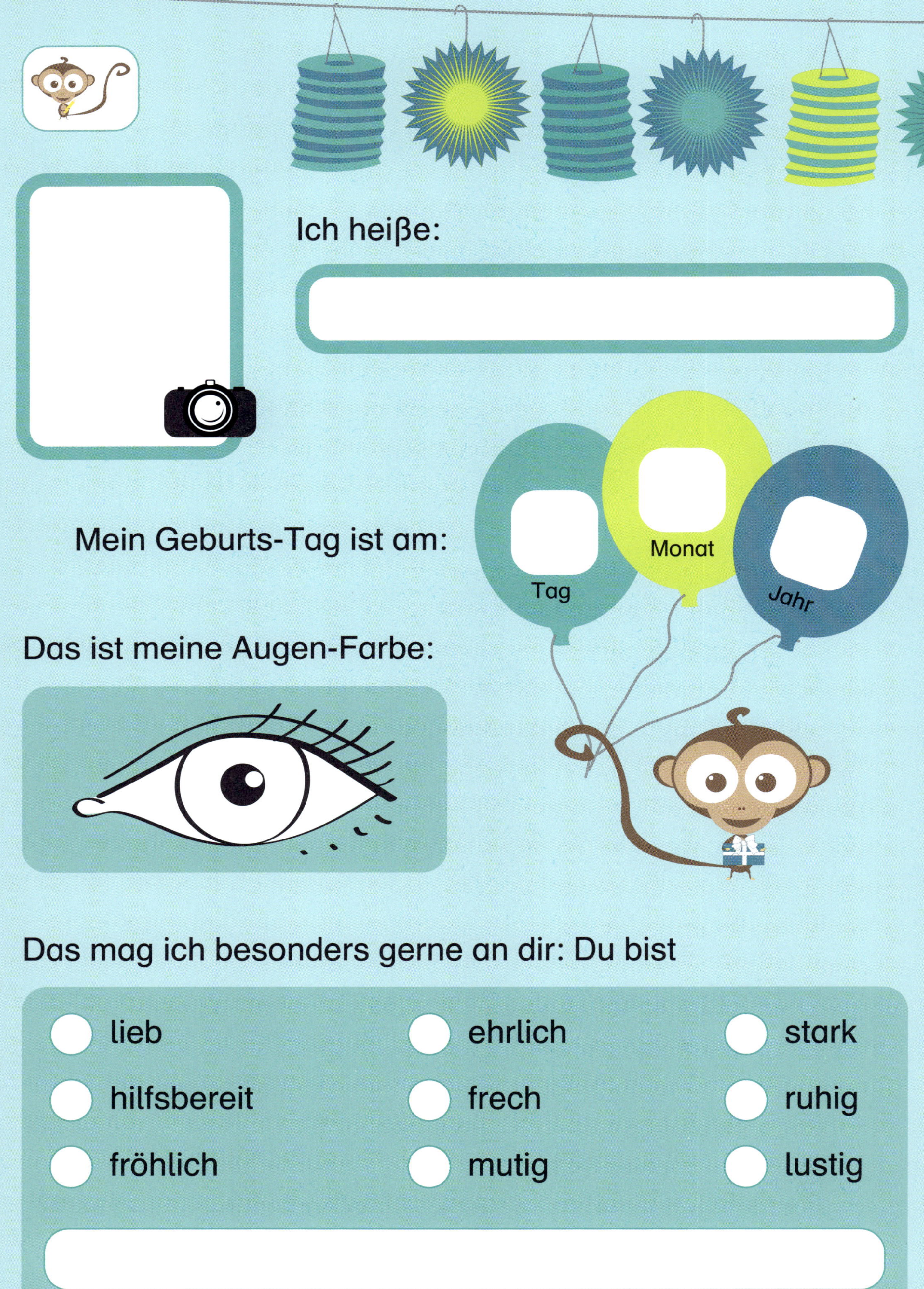
Ich heiße:
Mein Geburts-Tag ist am:
Tag
Monat
Jahr
Das ist meine Augen-Farbe:
Das mag ich besonders gerne an dir: Du bist
lieb
ehrlich
stark
hilfsbereit
frech
ruhig
fröhlich
mutig
lustig

Das mache ich am liebsten:

Lesen

Fahr-Rad fahren

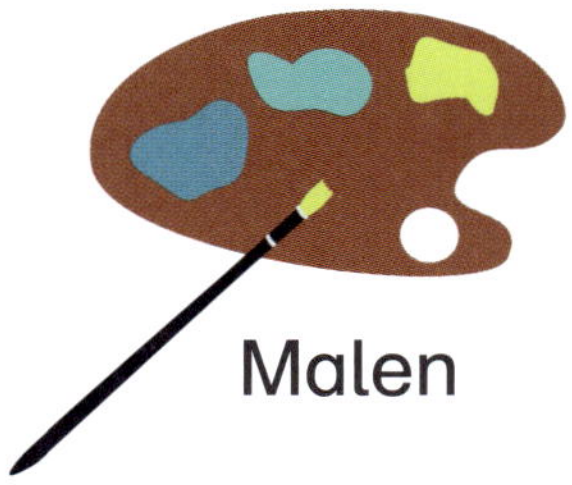

Malen

Zocken

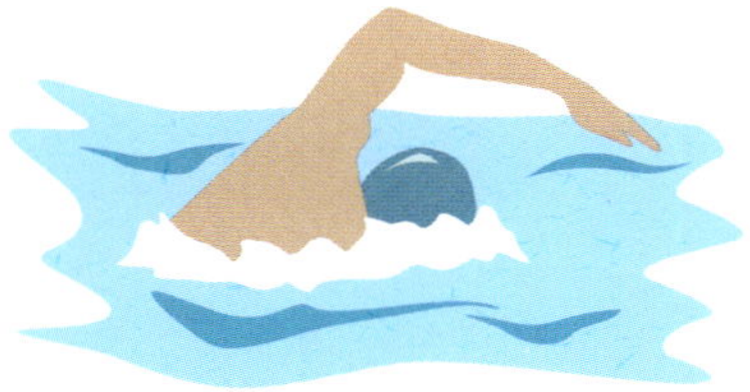

Schwimmen

Musik hören

Kochen

Freunde treffen

Filme gucken

Fuß-Ball spielen

Oder:

Meine Lieblings-Musik ist:

Das mag ich besonders gerne an dir: Du bist

- lieb
- hilfsbereit
- fröhlich
- ehrlich
- frech
- mutig
- stark
- ruhig
- lustig

Das mache ich am liebsten:

Lesen

Fahr-Rad fahren

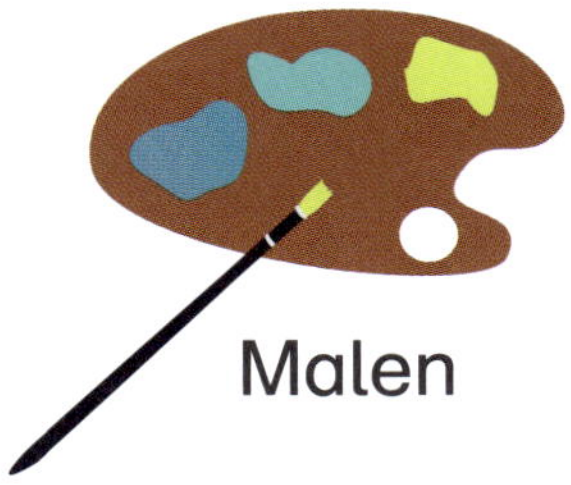

Malen

Zocken

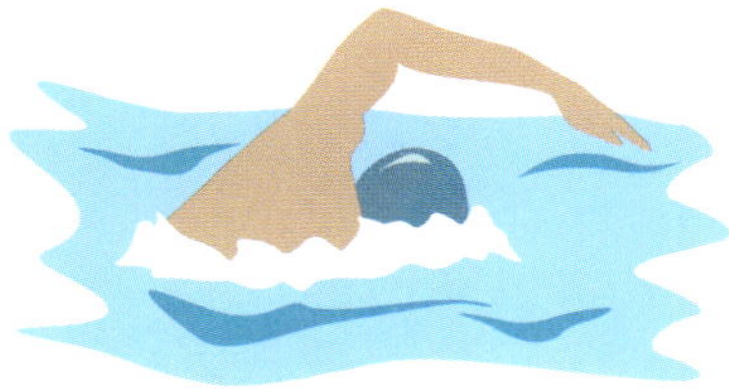

Schwimmen

Musik hören

Kochen

Freunde treffen

Filme gucken

Fuß-Ball spielen

Oder:

Meine Lieblings-Musik ist:

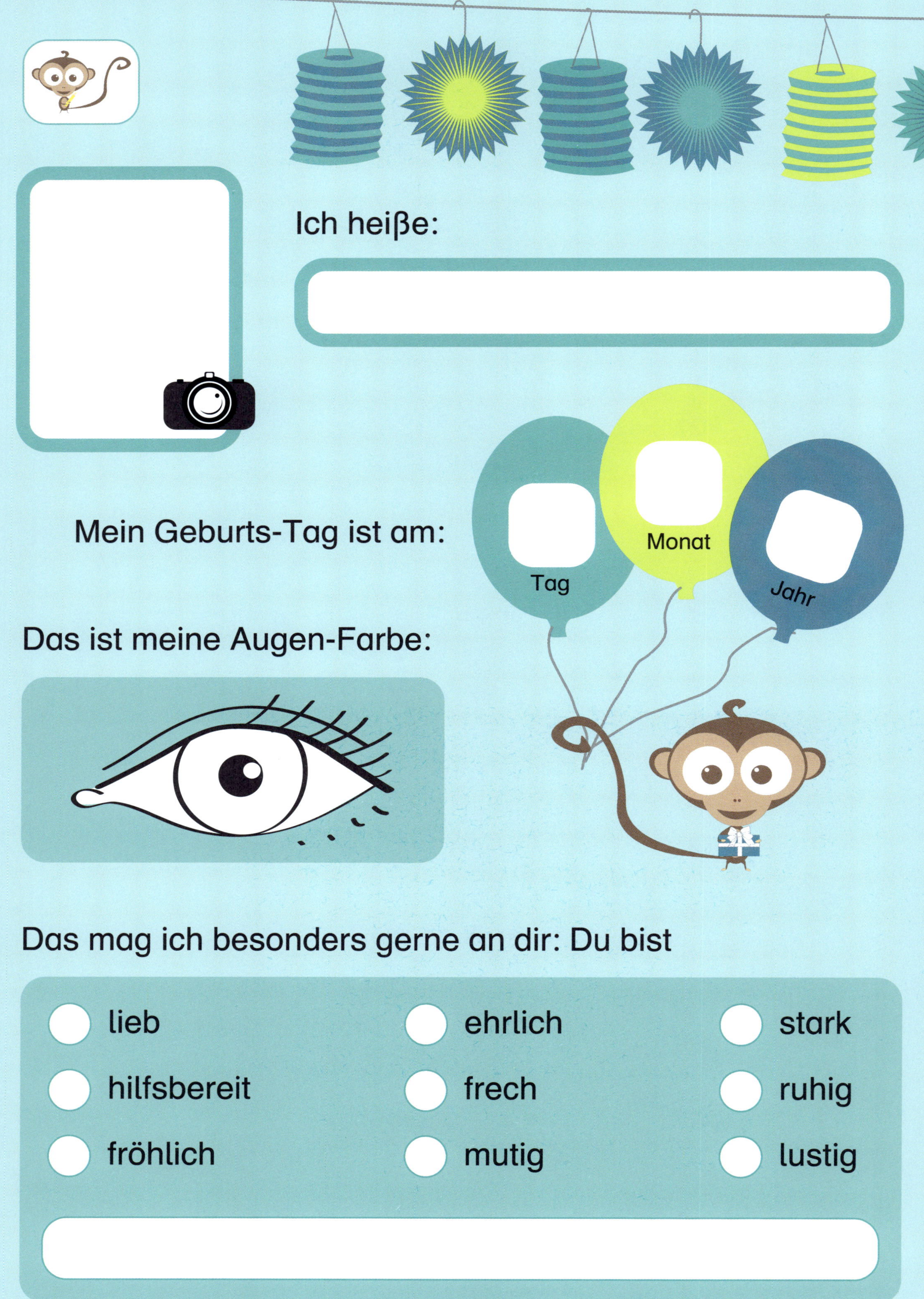

Ich heiße:

Mein Geburts-Tag ist am:

Das ist meine Augen-Farbe:

Das mag ich besonders gerne an dir: Du bist

- ○ lieb
- ○ ehrlich
- ○ stark
- ○ hilfsbereit
- ○ frech
- ○ ruhig
- ○ fröhlich
- ○ mutig
- ○ lustig

Das mache ich am liebsten:

Lesen

Fahr-Rad fahren

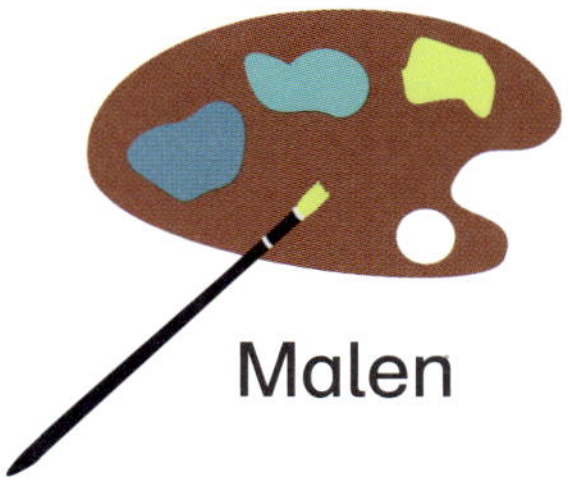

Malen

Zocken

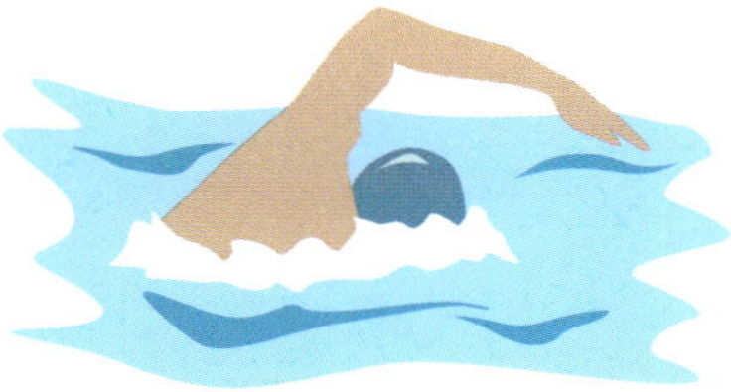

Schwimmen

Musik hören

Kochen

Freunde treffen

Filme gucken

Fuß-Ball spielen

Oder:

Meine Lieblings-Musik ist:

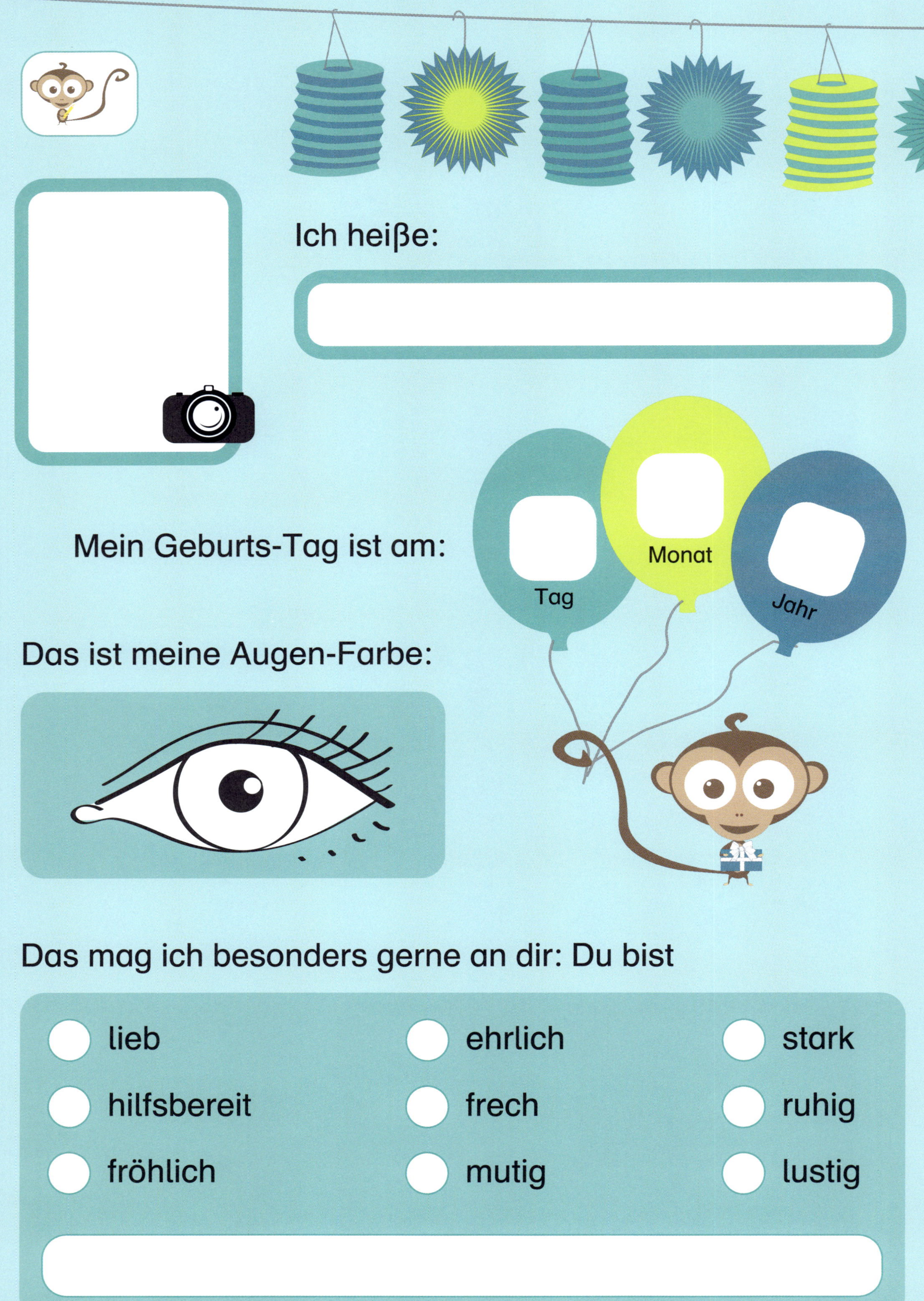
Ich heiße:
Mein Geburts-Tag ist am:
Tag
Monat
Jahr
Das ist meine Augen-Farbe:
Das mag ich besonders gerne an dir: Du bist
lieb
ehrlich
stark
hilfsbereit
frech
ruhig
fröhlich
mutig
lustig

Das mache ich am liebsten:

Lesen

Fahr-Rad fahren

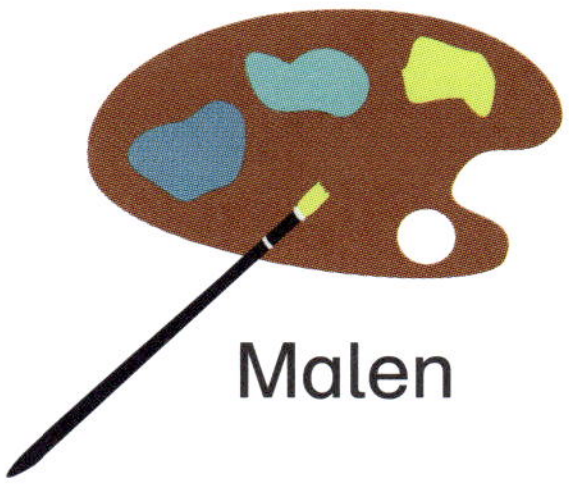

Malen

Zocken

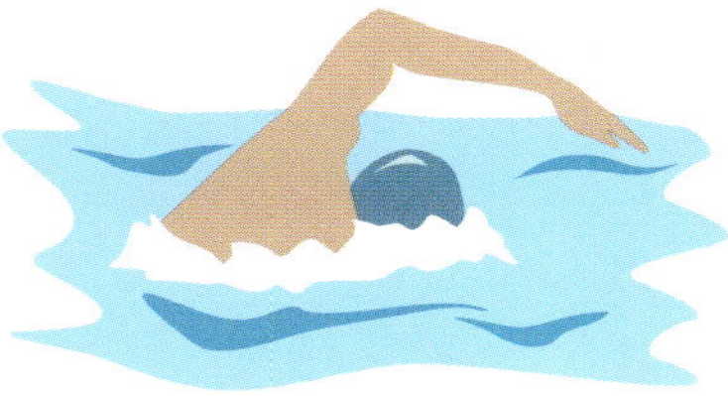

Schwimmen

Musik hören

Kochen

Freunde treffen

Filme gucken

Fuß-Ball spielen

Oder:

Ich fühle mich meistens:

Ich heiße:
Mein Geburts-Tag ist am:
Tag
Monat
Jahr
Das ist meine Augen-Farbe:
Das mag ich besonders gerne an dir: Du bist
lieb
ehrlich
stark
hilfsbereit
frech
ruhig
fröhlich
mutig
lustig

Das mache ich am liebsten:

Lesen

Fahr-Rad fahren

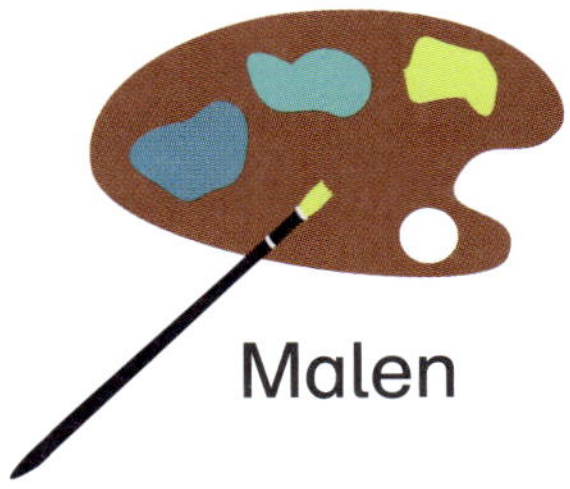

Malen

Zocken

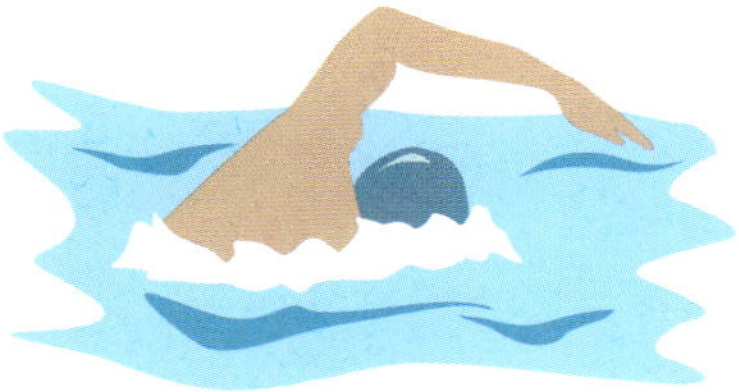

Schwimmen

Musik hören

Kochen

Freunde treffen

Filme gucken

Fuß-Ball spielen

Oder:

Ich fühle mich meistens:

Ich heiße:
Mein Geburts-Tag ist am:
Tag
Monat
Jahr
Das ist meine Augen-Farbe:
Das mag ich besonders gerne an dir: Du bist
lieb
ehrlich
stark
hilfsbereit
frech
ruhig
fröhlich
mutig
lustig

Das mache ich am liebsten:

Lesen

Fahr-Rad fahren

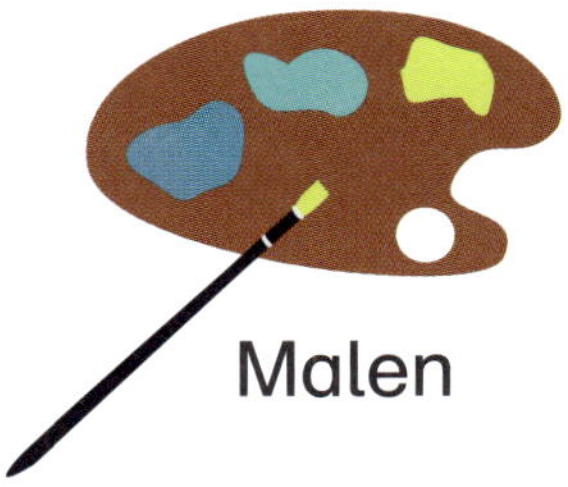

Malen

Zocken

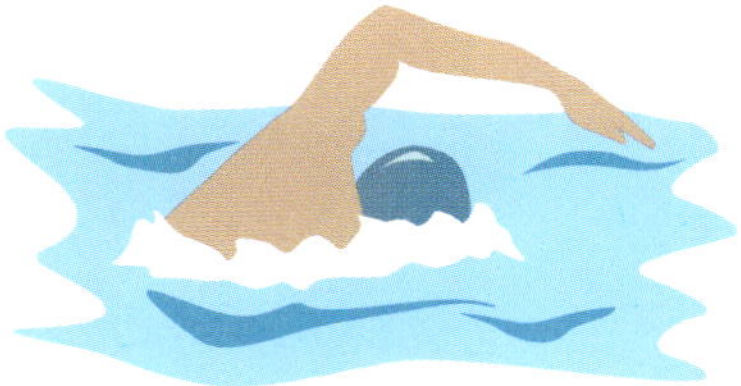

Schwimmen

Musik hören

Kochen

Freunde treffen

Filme gucken

Fuß-Ball spielen

Oder:

Ich fühle mich meistens:

Fotos meiner Freundinnen und Freunde

Fotos aus meiner Schulzeit

Iris Keller hat an der Universität zu Köln Lehramt für Sonderpädagogik studiert und arbeitet seit 2005 als Förderschullehrerin in Niedersachsen. Sie hat bereits mehrere Unterrichtswerke veröffentlicht.

Martin Neuhaus ist Vater von drei Kindern und hat in Hamburg Grafikdesign studiert. Er arbeitet an einer Förderschule sowie im Freizeitbereich mit Kindern und Jugendlichen mit Behinderungen.

Wir verwenden in unseren Werken eine genderneutrale Sprache, damit sich alle gleichermaßen angesprochen fühlen. Wenn keine neutrale Formulierung möglich ist, nennen wir die weibliche und die männliche Form. In Fällen, in denen wir aufgrund einer besseren Lesbarkeit nur ein Geschlecht nennen können, achten wir darauf, den unterschiedlichen Geschlechtsidentitäten gleichermaßen gerecht zu werden.

1. Auflage 2024

AAP Lehrerwelt GmbH
Veritaskai 3
21079 Hamburg
Telefon: +49 (0) 40325083-040
E-Mail: info@lehrerwelt.de
Geschäftsführung: Andrea Fischer, Sandra Saghbazarian
USt-ID: DE 173 77 61 42
Register: AG Hamburg HRB/126335

Autorschaft: Iris Keller, Martin Neuhaus
Covergestaltung: Annette Gassner
Coverillustration: Martin Neuhaus
Illustrationen: Martin Neuhaus
Satz: Satzpunkt Ursula Ewert GmbH, Bayreuth
Druck und Bindung: Design and printing JSC KOPA, Kaunas

ISBN/Bestellnummer: 978-3-403-21224-9
www.persen.de